JN421348

내가 읽고, 내가 쓰는 필사 시리즈 ⑥

탈무드, 손끝으로 배우는 삶의 지혜

탈무드 필사 노트

저자 조경민

도서출판 스토리팜

머리말

당신의 내면으로 떠나는 가장 깊은 여행

어디로 가야 할지 모를 때, 무엇을 해야 할지 알 수 없을 때, 우리는 수많은 정보와 소음 속에서 길을 잃곤 합니다. 숨 가쁘게 돌아가는 세상 속에서 우리는 외부의 요구에 끊임없이 응하며, 정작 가장 중요한 '나' 자신과의 대화는 잊고 살아갑니다.

이 책은 바로 그런 당신에게 건네는 초대장입니다. 수천 년의 시간을 넘어 지금 이 순간에도 살아 숨 쉬는 유대인의 지혜, 탈무드가 당신의 내면으로 떠나는 가장 깊고 의미 있는 여행의 길잡이가 되어 줄 것입니다. 탈무드는 단순히 고대의 종교 경전이 아닙니다. 그것은 삶의 복잡한 문제들을 풀어가는 실용적이고도 심오한 해법들의 보물 창고입니다.

지혜의 울림, 삶의 거울이 되다

현대 사회의 가장 큰 고민 중 하나는 관계의 단절과 갈등입니다. 많은 사람이 말의 홍수 속에서 진정으로 소통하는 법을 잊고 살아갑니다. 탈무드가 전하는 관계의 지혜는 언어의 힘과 경청의 중요성을 강조합니다. 우리의 말 한마디가 상대의 마음에 긍정적인 씨앗을 심기도 하고, 때로는 칼이 되어 깊은 상처를 남기기도 한다는 가르침은 지금 이 순간에도 우리에게 깊은 울림을 줍니다.

또한, 돈의 가치를 맹목적으로 좇으며 불안해하는 사람들에게 탈무드는 부와 가난에 대한 새로운 통찰을 제시합니다. 정직한 부의 형성, 기부의 중요성, 탐욕 경계에 대한 교훈은 돈의 진정한 가치를 되짚어보게 합니다. 진정한 부는 단순히 많은 재물을 쌓는 것이 아니라, 그 재물을 어떻게 활용하고 나누는지에 달려 있습니다.

빠르게 변화하는 세상 속에서 우리는 늘 새로운 지식을 습득해야 한다는 압박에 시달립니다. 그러나 탈무드는 지식을 넘어선 '지혜'를 강조합니다. 배움을 평생에 걸친 여정으로 바라보며, 끊임없는 노력과 겸손한 태도를 권유합니다. 이는 단순히 지식을 쌓는 것을 넘어, 삶의 깊은 이치를 깨달아 진정한 성장을 이루는 길임을 가르쳐 줍니다.

탈무드가 끊임없이 강조하는 자기 성찰과 내면의 성장은, 진정한 행복이 외부에 있는 것이 아니라 자신의 마음속에 있음을 깨닫게 합니다. 삶의 어려움 속에서도 흔들리지 않는 용기와 스스로를 믿는 내적인 힘을 기르는 것은, 그 어떤 외부의 성공보다도 값진 보물이 될 것입니다.

쓰는 행위의 힘, 영혼의 각인

이 책을 단순한 독서로 끝내지 않고 필사라는 특별한 행위를 통해 만나게 한 이유는 바로 여기에 있습니다. 바쁜 일상 속에서 스마트폰 스크롤을 내리듯 빠르게 읽고 지나치는 것이 아니라, 펜을 쥐고 한 글자씩 또박또박 써 내려가는 느리고 깊은 과정속에서 탈무드의 지혜는 비로소 당신의 것이 됩니다.

눈으로 읽는 지식은 뇌리에 잠시 머물다 사라지기 쉽지만, 손으로 쓰는 행위는 단순한 문장을 당신의 마음과 영혼에 깊이 새겨 넣는 강력한 힘을 가집니다. 필사하는 동안 당신의 마음은 고요해지고, 문장의 의미를 곱씹으며 스스로에게 질문하게 됩니다. '나는 이 지혜를 내 삶에 어떻게 적용할 수 있을까?', '이 가르침은 오늘 나의 어떤 행동과 연결되는가?' 이런 질문들이 당신의 내면을 깨우고, 탈무드의 지혜를 살아 숨 쉬는 당신의 경험으로 바꾸어 줄 것입니다.

매 페이지마다 세 문장의 지혜를 담고, 그 옆 페이지에 당신의 글씨로 새겨 넣도록 구성한 것도 바로 이런 이유 때문입니다. 한 번에 너무 많은 것을 담으려 하지 않고, 여유로운 호흡으로 한 걸음씩 나아가게 하기 위함입니다. 총 4부로 나뉜 이 책은 당신이 탈무드의 지혜를 천천히, 그리고 꾸준히 내면화할 수 있도록 돕는 가장 친절한 안내자가 될 것입니다.

긴 여정의 끝, 새로운 당신과의 만남

이 책의 마지막 페이지를 덮었을 때, 당신의 손때 묻은 필사 노트는 단순한 종이 묶음이 아닐 것입니다. 그것은 당신이 바쁜 일상 속에서 스스로에게 선물한 고요한 시간의 기록이자, 당신의 내면이 얼마나 성장했는지 보여주는 가장 아름다운 증거가 될 것입니다.

긴 여정의 끝에서 당신은 아마도 거울 속의 자신을 보며 새로운 자신을 발견하게 될지도 모릅니다. 이전보다 더 평화로운 마음, 더 넓은 시야, 그리고 삶의 어려움에 흔들리지 않는 단단한 내면을 가진 당신의 모습. 탈무드의 지혜와 당신의 필사가 만나 이룬 기적적인 변화를 온몸으로 느끼게 될 것입니다.

탈무드의 지혜를 통해 당신의 삶을 더욱 의미 있게 만들고, 필사를 통해 그 지혜를 당신의 것으로 만드십시오. 이 책이 당신의 일상에 작은 기적을 선물하고, 진정한 행복을 향한 길을 밝혀주기를 진심으로 바랍니다. 이제 펜을 들고, 당신의 내면으로 떠나는 가장 가치 있는 여행을 시작하십시오. 이 여정의 끝에서 새로운 당신을 만나게 될 것입니다.

엮은이 조경민

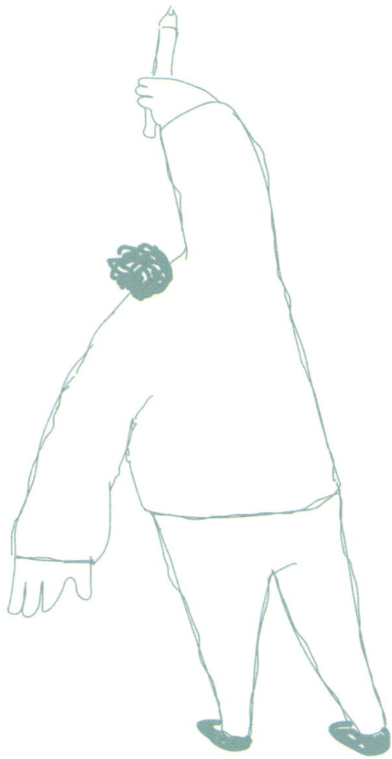

느리게 읽는 즐거움, 필사의 이유

손끝으로 만나는 마음의 정화

필사는 바쁜 일상 속에서 잠시 멈춰 서서 내면을 정돈하는 명상과 같습니다. 빠르게 흘러가는 디지털 세상 속에서 우리는 무수히 많은 정보에 노출되고, 그로 인해 마음이 산만해지기 쉽습니다. 필사하는 시간은 이러한 외부의 소음으로부터 벗어나, 오직 글과 나 자신에게 집중하는 시간입니다.

1. 생각의 속도 늦추기 : 손으로 글씨를 쓰는 행위는 우리의 생각 속도를 늦춰줍니다. 눈으로 빠르게 읽고 넘기던 글들을 한 글자씩 옮겨 적다 보면, 미처 생각하지 못했던 문장의 의미를 새롭게 발견하게 됩니다. 이는 자연스럽게 마음을 차분하게 가라앉히고, 혼란스러운 감정을 정리하는 데 도움을 줍니다.

2. 부정적인 감정 해소 : 필사는 부정적인 감정을 해소하는 효과적인 방법입니다. 감정이 격해질 때, 그 감정을 글로 옮겨 적거나 좋은 글귀를 필사하는 것은 마음속의 응어리를 밖으로 끄집어내는 행위와 같습니다. 이 과정을 통해 마음의 평화를 되찾고, 스스로를 치유하는 시간을 가질 수 있습니다.

3. 일상 속 작은 위안 찾기 : 시집이나 명언 필사는 일상 속에서 작은 위안을 찾는 좋은 방법입니다. 삶의 무게에 지쳐 힘든 순간, 위로와 용기를 주는 문장을 직접 손으로 쓰다 보면, 글이 가진 긍정적인 에너지가 우리에게 그대로 전달되는 것을 느낄 수 있습니다.

내 삶을 변화시키는 문장의 힘

필사는 단순히 글을 베껴 쓰는 것을 넘어, 위대한 글이 가진 지혜를 내 삶에 적용하는 과정입니다. 시대를 초월한 고전이나 명언들은 수많은 사람의 삶을 변화시킨 살아있는 가르침입니다. 이 문장들을 직접 손으로 쓰고 내 것으로 만드는 것은 스스로를 성장시키는 가장 확실한 방법입니다.

1. 깊은 사고력과 통찰력 기르기 : 위대한 고전이나 철학적 글들을 필사하다 보면, 자연스럽게 글의 논리적 흐름과 깊은 사유의 과정을 따라가게 됩니다. 이는 복잡한 문제를 다각도로 바라보는 사고력을 길러주고, 삶의 본질을 꿰뚫는 통찰력을 키우는 데 큰 도움이 됩니다.

2. 삶의 가치관 재정립 : 필사는 내 삶의 방향을 점검하는 기회가 됩니다. 특히 고전의 문장들은 우리가 어떤 가치를 중요하게 여기고 살아갈 것인지에 대한 근본적인 질문을 던져줍니다. 필사를 통해 이 질문에 대한 나만의 답을 찾아가면서 삶의 가치관을 명확하게 세울 수 있습니다.

3. 새로운 깨달음과 동기 부여 : 필사는 반복적인 일상에 지쳐 있을 때, 새로운 깨달음과 강력한 동기 부여를 얻는 통로입니다. 과거의 지혜를 담은 문장들은 오늘날의 우리에게도 여전히 유효한 해답을 제시합니다. 이 깨달음은 멈춰 있던 삶에 새로운 활력을 불어넣고, 앞으로 나아갈 힘을 줍니다.

시대를 넘어선 위대한 만남

필사를 통해 우리는 시대를 초월한 위대한 작가, 성현들과 특별한 교감을 나눌 수 있습니다. 책을 읽는 행위가 일방적인 소통이라면, 필사는 그들의 목소리를 직접 내 손으로 기록하며 공감하는 쌍방향적인 소통에 가깝습니다.

1. 작가와 감정적 교류 : 시집을 필사할 때, 시인의 감정선을 따라 한 글자씩 옮겨 적다 보면 그가 느꼈던 고뇌, 희망, 기쁨을 간접적으로나마 생생하게 경험하게 됩니다. 이러한 감정적 교류는 우리가 느끼는 외로움이 '나만의 것'이 아니라는 것을 깨닫게 해주며 깊은 위로를 전할 것입니다.

2. 지혜의 전승과 계승 : 고전이나 명언을 필사하는 것은 단순한 베껴 쓰기를 넘어, 선조들이 남긴 지혜를 다음 세대로 이어가는 소중한 행위입니다. 이 과정에서 우리는 그들의 가르침을 암기하는 것이 아니라, 살아있는 지식으로 흡수하여 내 삶의 일부로 만듭니다.

3. 자신만의 작품 만들기 : 필사 책의 완성은 그 자체로 뿌듯한 성취감을 안겨줍니다. 책 한 권을 빼곡히 채워나가는 과정은 인내심과 꾸준함을 기르는 훌륭한 훈련이 됩니다. 필사를 마친 책은 단순한 종이 뭉치가 아니라, 여러분의 시간과 노력이 담긴 세상에 하나뿐인 작품이 될 것입니다.

목 차

1. 관계의 지혜

언어의 힘과 경청의 중요성에 대한 탈무드의 가르침은 오늘날에도 유효한 관계의 지혜를 담고 있습니다.

우리의 말이 씨앗이 되어 긍정적인 관계를 맺기도 하고, 때로는 칼이 되어 깊은 상처를 남기기도 합니다. 경청은 단순히 듣는 것을 넘어, 상대를 이해하고 존중하는 태도임을 깨닫게 하는 이야기들입니다.

Talmud transcribe

현명한 결정은 때때로 침묵에서 시작됩니다. 말을 아끼고 조용히 생각할 때 더 깊은 지혜가 생깁니다.

친절은 아주 작은 행동에서 시작됩니다. 작은 친절 하나가 세상을 바꿀 수 있습니다.

누군가를 돕는 일은 결국 자신에게도 좋은 영향을 줍니다. 남을 도우면 언젠가 나도 도움을 받게 됩니다.

Talmud transcribe

분노는 결국 자기 자신을 해치게 됩니다. 화가 날 땐 잠깐 멈추고 차분하게 생각하는 것이 현명합니다.

정직함은 신뢰를 쌓는 밑바탕이 됩니다. 솔직하게 행동하면 주변과 신뢰를 만들 수 있습니다.

작은 실수라도 인정하면 더 성장할 수 있습니다. 실수를 숨기지 않고 받아들이면 더 나은 사람이 됩니다.

Talmud transcribe

시간은 정말 소중한 자산입니다. 시간을 허투루 쓰지 말고 의미 있게 활용해야 합니다.

용서를 구하는 것은 진짜 용기입니다. 잘못했을 땐 진심으로 사과하는 게 진정한 용기입니다.

말은 사람을 살리기도 하고 해치기도 하는 힘이 있습니다. 아무 생각 없이 한 말이 상대방에게 깊은 상처를 줄 수 있음을 항상 기억해야 합니다.

친구는 힘들 때 진짜 가치가 드러납니다. 어려운 순간에 함께 있어주는 사람이 진짜 친구입니다.

겸손은 오히려 사람을 더 돋보이게 만듭니다. 겸손한 태도가 사람의 가치를 높여줍니다.

돈을 벌 때 정직하지 않으면 결국 모든 것을 잃게 됩니다. 부정하게 쌓은 부는 모래성처럼 한순간에 무너집니다.

욕심이 많아지면 만족은 멀어집니다. 지나친 욕심은 오히려 행복을 멀리하게 만듭니다.

지혜는 직접 경험에서 나옵니다. 경험을 통해 얻은 지혜는 책에서 배우는 것보다 더 소중합니다.

두 귀와 한 입은 듣는 것이 말하는 것보다 두 배로 중요하다는 지혜를 알려줍니다.

Talmud transcribe

말 한마디가 큰 힘이 될 수 있습니다. 누군가에게 건네는 말이 인생을 바꿀 수도 있습니다.

인내는 결국 좋은 결과를 가져옵니다. 참고 기다리는 마음이 결국 결실을 만듭니다.

다른 사람의 말을 중간에 끊지 않는 것이 중요합니다. 말을 끝까지 들어주는 태도만으로도 이미 현명한 사람으로 인정받을 수 있습니다.

Talmud transcribe

배려는 관계를 깊게 만들어줍니다. 상대를 배려하는 마음이 더 좋은 관계로 이어집니다.

자신을 사랑하는 것이 모든 시작입니다. 나를 아끼고 사랑해야 남도 사랑할 수 있습니다.

나눔은 더 큰 기쁨을 줍니다. 작은 것이라도 나누면 더 큰 행복을 느낄 수 있습니다.

험담은 혀를 통해 세 사람을 해치는 것과 같습니다. 말하는 사람, 듣는 사람, 그리고 그 대상 모두에게 상처를 남깁니다.

성실함은 신뢰를 쌓는 힘이 됩니다. 꾸준하게 성실하게 행동하면 결국 신뢰를 얻게 됩니다.

남의 입장에서 생각하는 게 중요합니다. 상대방의 시각에서 바라보면 더 넓은 시야를 가질 수 있습니다.

Talmud
transcribe

모든 직업은 존중받을 가치가 있습니다. 어떤 일도 하찮게 여기지 않는 것이 중요합니다.

감사하는 마음이 행복을 불러옵니다. 감사하는 습관이 삶을 더 즐겁게 만듭니다.

누군가를 칭찬할 때는 그 사람 앞에서 칭찬하고, 비판할 때는 그 사람이 없는 곳에서 하는 것이 좋습니다.

Talmud transcribe

지나친 자만은 자신에게 해가 됩니다. 자만하지 않고 겸손하게 행동하는 게 더 좋습니다.

기회는 준비된 사람에게 찾아옵니다. 항상 준비하고 기다리면 좋은 기회를 잡을 수 있습니다.

화가 난 사람에게는 논쟁을 걸지 않는 것이 좋습니다. 그 사람이 진정할 때까지 기다려 주는 것이 현명한 태도입니다.

Talmud
transcribe

노력은 절대 배신하지 않습니다. 열심히 노력하면 언젠가는 결과로 돌아옵니다.

책임감이 신뢰를 높여줍니다. 맡은 일에 끝까지 책임을 다하는 태도가 중요합니다.

부유한 사람은 가진 것에 만족하는 사람이고, 가난한 사람은 항상 더 많은 것을 바라며 갈망합니다.

Talmud transcribe

용기는 두려움을 이겨냅니다. 두려움이 있어도 용기를 내면 어려움도 극복할 수 있습니다.

지식은 나눌수록 더 커집니다. 배운 것을 나누면 더 많은 지식이 쌓입니다.

사랑은 행동에서 드러납니다. 진짜 사랑은 말이 아니라 행동으로 보여집니다.

Talmud transcribe

원망하지 말고 해결책을 찾아야 합니다. 문제가 생기면 원망하기보다 해결 방법을 찾는 것이 현명합니다.

자제력은 힘입니다. 감정을 조절하고 스스로 다스릴 수 있는 것이 진정한 진짜 힘입니다.

공정함은 모두에게 이익이 됩니다. 공정하게 행동하면 모두가 좋은 결과를 얻습니다.

Talmud transcribe

말보다 행동이 더 중요합니다. 말로만 하지 말고 직접 행동으로 보여주는 게 필요합니다.

진정한 강자는 자신의 욕구를 절제하고 모욕을 당해도 되갚지 않는 사람입니다. 감정을 바로 드러내지 않고 인내하는 습관을 길러야 합니다.

실수는 배우는 과정입니다. 실수를 두려워하지 말고 배움의 기회로 삼아야 합니다.

Talmud transcribe

땀 흘려 번 돈은 그만큼의 가치가 있습니다. 정직한 노동을 통해 얻은 부는 소중하게 여겨야 합니다.

희망은 어려움을 이겨내는 힘입니다. 힘든 상황에서도 희망을 잃지 않는 것이 중요합니다.

누군가를 공개적으로 모욕하는 것은 그 사람에게 깊은 상처를 남기는 것과 같습니다. 이는 쉽게 회복되지 않는 상처가 됩니다.

상대를 좋게 판단하려는 습관은 관계를 긍정적으로 이끌고 오해를 줄여줍니다.

책임 있는 선택을 해야 합니다. 모든 선택에는 책임이 따르니 신중하게 결정하세요.

근면함이 성공의 열쇠입니다. 게으름을 피우지 않고 부지런히 노력하면 성공할 수 있습니다.

아무리 옳은 말이라도 상대방을 불쾌하게 만들면 아무 의미가 없습니다. 중요한 것은 '무엇을' 말하는지가 아니라 '어떻게' 말하는가입니다.

경청은 단순히 듣는 것이 아니라, 상대의 마음을 헤아리고 이해하는 적극적인 과정입니다.

지혜는 나눌수록 더 성장합니다. 지혜를 나누면 더 큰 지혜가 생깁니다.

인간관계는 신뢰가 바탕입니다. 신뢰가 쌓여야 좋은 관계가 만들어집니다.

친구의 장점을 찾아 칭찬하는 습관을 들이면, 친구뿐만 아니라 자신도 함께 성장할 수 있습니다.

대화할 때는 상대방의 눈을 바라보며 이야기하는 것이 좋습니다. 이는 존중과 신뢰를 표현하는 방법입니다.

Talmud
transcribe

돈은 좋은 하인이 될 수 있지만, 나쁜 주인이 될 수도 있습니다. 돈에 휘둘리지 말고, 지혜롭게 관리해야 합니다.

진심이 마음을 움직입니다. 진솔한 마음은 상대방의 마음을 울릴 수 있습니다.

겸손한 태도가 존경을 받게 만듭니다. 겸손하게 행동하면 더 많은 존경을 받게 됩니다.

Talmud transcribe

말을 할 때 너무 서두르지 않는 것이 좋습니다. 느리고 신중한 말은 듣는 사람에게 더 깊이 전달됩니다.

현명한 사람은 누구에게나 배웁니다. 스승, 동료, 심지어 제자에게도 배움을 얻으려는 열린 마음을 가져야 합니다.

용서하는 마음이 필요합니다. 상대방을 용서하는 것이 결국 자신에게도 도움이 됩니다.

성실하게 살아가는 것이 행복을 만듭니다. 성실한 삶이 결국 행복으로 이어집니다.

낯선 사람에게 먼저 인사하는 작은 행동이 대화의 공감대를 만들고 경계심을 풀어줍니다.

사람을 온화한 표정으로 맞이하는 것이 중요합니다. 따뜻한 미소는 말보다 먼저 환영의 마음을 전달합니다.

자신을 믿어야 합니다. 스스로를 믿는 것이 성공의 첫걸음입니다.

가난한 사람을 돕는 것은 단순한 자선이 아니라, 정의를 실천하는 것입니다. 그들의 존엄성을 지키는 방식으로 도움을 주는 것이 중요합니다.

나누는 기쁨을 느껴야 합니다. 나눔의 기쁨이 더 큰 행복으로 돌아옵니다.

Talmud transcribe

지혜롭게 선택해야 합니다. 항상 현명하게 선택하는 것이 중요합니다.

가난한 사람의 말도 귀 기울여 들어야 합니다. 신분과 상관없이 모든 사람의 말에는 지혜가 담겨 있을 수 있습니다.

작은 친절이 큰 변화를 만들어냅니다. 아주 사소한 친절이 예상치 못한 큰 기적을 가져올 수 있습니다.

Talmud transcribe

남을 존중하면 결국 나도 존중받게 됩니다. 상대를 존중하는 태도가 나에게도 돌아옵니다.

말을 할 때는 그 영향력을 생각해야 합니다. 한번 내뱉은 말은 되돌릴 수 없으니 신중하게 해야 합니다.

불필요한 비판보다 적절한 격려가 더 큰 힘을 발휘합니다. 말로 상처를 주기보다 치유하는 말을 해야 합니다.

Talmud transcribe

친구를 얻는 가장 좋은 방법은 먼저 친구가 되어주는 것입니다.

지키지 못할 약속은 하지 않는 것이 좋습니다. 약속을 어기는 것은 신뢰를 무너뜨립니다.

지혜는 잘 듣는 것에서 시작됩니다. 많이 듣고 이해하려는 자세가 지혜로운 행동입니다.

2. 부와 가난에 대한 통찰

정직한 부의 형성, 기부의 중요성, 탐욕 경계에 대한 탈무드의 교훈은 돈의 진정한 가치를 깨닫게 합니다.

돈을 맹목적으로 좇는 것이 아니라, 돈을 다스리는 지혜를 가르칩니다. 진정한 부는 단순히 많은 재물을 쌓는 것이 아니라, 그 재물을 어떻게 활용하고 나누는지에 달려 있습니다.

진짜 용기는 두려움을 인정하는 데 있습니다. 두려움을 숨기지 않고 받아들이는 것이 진정한 용기입니다.

성공은 꾸준한 준비와 인내에서 나옵니다. 준비하고 참고 기다리는 힘이 성공을 만듭니다.

남의 실수를 쉽게 비난하지 않습니다. 비난하기보다는 이해하고 도울 방법을 찾는 게 더 좋습니다.

관대함은 마음을 넓게 해줍니다. 너그럽게 행동하면 더 넓은 마음을 갖게 됩니다.

부자가 될수록 더욱 겸손해야 합니다. 가진 것을 자랑하는 오만함은 결국 사람들의 존경을 잃게 만듭니다.

배움은 언제든 시작할 수 있습니다. 배우는 데 늦은 때란 없습니다.

비난을 서두르지 말고, 그 사람의 입장에서 생각해보기 전에는 판단하지 않는 것이 좋습니다. 공감은 관계에서 가장 중요한 윤리입니다.

겸손한 사람은 존경을 받지만, 오만한 사람은 결국 주변에 사람이 없어집니다.

겸손은 성장의 밑바탕이 됩니다. 겸손하게 배우려는 자세가 더 큰 성장을 이끕니다.

남의 어려움을 그냥 지나치지 마세요. 도움이 필요한 사람을 외면하지 않는 것이 중요합니다.

감정에 휘둘리지 않는 것이 진짜 지혜입니다. 감정에 끌려가지 않고 이성적으로 행동해야 합니다.

경청은 상대를 존중하는 행동입니다. 상대의 말을 잘 들어주는 것이 존중의 기본입니다.

당신의 재산은 미래 세대를 위해 현명하게 사용해야 합니다. 자녀에게 단순히 돈을 물려주는 것보다, 돈을 다루는 지혜를 가르치는 것이 더 중요합니다.

작은 성공도 소중하게 생각하세요. 작은 성취도 인정하고 기뻐하는 것이 중요합니다.

남을 도울 때는 보상을 기대하지 마세요. 순수한 마음으로 돕는 것이 진정한 나눔입니다.

거짓말은 잠시 위기를 넘길 수 있지만, 결국 신뢰를 무너뜨리는 가장 위험한 행동입니다.

말이 길어질수록 실수가 생길 수 있으니 꼭 필요한 내용만 남기는 것이 좋습니다. 간결함은 힘이 있습니다.

실패를 통해 배우는 것이 성장의 열쇠입니다. 실패 속에서 배움을 얻으세요.

불평하지 말고 직접 행동하세요. 불평 대신 행동으로 변화를 만들어야 합니다.

침묵이 항상 좋은 것은 아닙니다. 평화를 지키는 침묵과 폭력을 방관하는 침묵은 구분해야 합니다.

자신을 꾸준히 되돌아보세요. 스스로를 점검하고 반성하는 습관이 필요합니다.

돈이 모든 문제를 해결해 주지는 않습니다. 물질적인 풍요만으로는 정신적인 평화를 얻을 수 없습니다.

남의 성공을 진심으로 축하하세요. 타인의 성공을 시기하지 말고 진심으로 기뻐하세요.

바른 선택이 올바른 인생을 만듭니다. 선택에 책임을 다하는 것이 올바른 삶의 시작입니다.

말보다는 실천이 더 중요합니다. 말로만 하지 말고 직접 실천하는 것이 가치 있습니다.

인내는 모든 문제를 해결하는 열쇠입니다. 참고 기다리면 어려움도 해결될 수 있습니다.

자신의 실수를 솔직하게 받아들이세요. 실수를 인정하는 것이 성장의 첫걸음입니다.

지혜를 지키는 울타리는 침묵입니다. 불필요한 말을 삼가는 것이 자신을 보호하는 길입니다.

말로 배운 것을 행동으로 실천하지 않으면 그 지식은 완성되지 않습니다. 행동이 없는 말은 공허합니다.

자신의 감정을 솔직하게 표현하세요. 감정을 숨기지 않고 드러내는 것이 건강한 모습입니다.

작은 배려가 큰 차이를 만들어냅니다. 사소한 배려 하나가 관계를 크게 변화시킵니다.

재물을 얻기 위해 건강과 마음의 평화를 희생하지 마세요. 건강을 잃으면 돈도 아무런 의미가 없어집니다.

남을 이해하려고 노력하세요. 이해하려는 마음이 갈등을 줄여줍니다.

꾸준한 성실함은 반드시 보상받습니다. 성실하게 노력하면 언젠가 좋은 결과가 찾아옵니다.

정제된 어휘를 선택하는 습관은 거친 말을 피하고 소통의 질을 높이는 연습입니다.

타인의 장점을 드러낼 수 있는 질문을 하세요. 상대방을 빛나게 하면 결국 자신도 신뢰를 얻을 수 있습니다.

남의 의견을 존중하세요. 다른 생각을 인정하는 것이 성숙한 태도입니다.

화합이 갈등보다 더 중요합니다. 갈등을 줄이고 함께 어울리려고 노력해야 합니다.

매사에 감사하는 마음을 가지세요. 감사하는 마음이 삶을 더 풍요롭게 만듭니다.

지식은 위에서만 흐르는 것이 아니라 옆과 아래에서도 생깁니다. 열린 귀가 지식의 폭을 넓힙니다.

거만한 사람은 세상의 모든 지식을 자신만 가진 것처럼 행동합니다. 이는 오히려 무지함을 드러내는 모습입니다.

진실된 행동이 신뢰를 만듭니다. 진심으로 행동하면 신뢰를 얻을 수 있습니다.

가난을 부끄러워하지 마세요. 당신의 인격을 결정하는 것은 재산이 아니라 행동입니다.

남을 판단하기 전에 자신을 먼저 돌아보세요. 남을 평가하기 전에 스스로를 점검해야 합니다.

변화에 두려워하지 마세요. 변화를 받아들이는 것이 성장의 시작입니다.

자신의 장점을 잘 살리세요. 자신의 강점을 발견하고 활용하는 것이 중요합니다.

남의 도움을 받을 줄 아세요. 도움이 필요할 땐 주저하지 말고 요청하세요.

부의 축적은 단순히 돈을 모으는 것이 아니라, 지식과 지혜를 함께 쌓는 과정입니다.

작은 목표부터 실천하세요. 큰 목표도 작은 실천에서 시작됩니다.

부부 사이의 말은 특히 중요합니다. 다툼이 있을 때 말을 절제하면 더 깊은 사랑을 얻을 수 있습니다.

자신의 말이 듣는 사람에게 긍정적인 영향을 줄 수 있는지 스스로에게 물어보는 것이 좋습니다. 이것이 말하기의 마지막 관문입니다.

남의 고통을 함께 느끼세요. 공감하는 마음이 관계를 깊게 만들어줍니다.

남의 장점을 칭찬하세요. 칭찬하는 습관이 긍정적인 분위기를 만듭니다.

남과 비교하지 마세요. 비교보다 자신만의 길을 가는 것이 중요합니다.

자신의 약점을 받아들이세요. 약점을 인정하면 더 발전할 수 있습니다.

지혜로운 사람은 자신의 한계를 인정할 줄 압니다. 모르는 부분을 솔직하게 받아들일 때 더 많이 배울 수 있습니다.

부자에게는 겸손함이 필요하고, 가난한 사람에게는 용기가 필요합니다.

쓸데없는 논쟁은 피하는 게 현명합니다. 논쟁이 상황을 더 복잡하게 만들 수 있으니 신중하게 행동하세요.

약속은 꼭 지켜야 합니다. 약속을 지키는 것이 신뢰를 쌓는 기본입니다.

기쁨은 나눌수록 커집니다. 좋은 소식이나 행복을 함께 나누면 더 큰 즐거움이 됩니다.

남을 도울 때 망설이지 마세요. 도움이 필요할 때 바로 손을 내미는 것이 중요합니다.

돈을 잃는 것은 일부를 잃는 것이지만, 건강을 잃는 것은 모든 것을 잃는 것입니다.

어려운 일도 함께하면 쉽게 해결됩니다. 힘든 일도 여러 사람이 힘을 모으면 훨씬 쉽게 풀립니다.

자신의 선택을 후회하지 마세요. 이미 내린 선택을 받아들이고 최선을 다하는 게 현명합니다.

서로 다른 의견을 존중하세요. 다양한 생각을 받아들이면 더 넓은 시야를 가질 수 있습니다.

작은 실천이 큰 변화를 만듭니다. 아주 작은 행동 하나가 사회를 바꿀 수 있습니다.

당신이 번 돈 중 일부는 미래를 위해 투자하세요. 저축은 현명한 선택입니다.

3. 지혜와 배움의 중요성

탈무드는 배움을 평생에 걸친 여정으로 강조합니다.

지혜를 얻기 위한 끊임없는 노력과 겸손한 태도는 빠르게 변화하는 현대 사회에서 우리가 유연하게 적응하고 성장하는 데 필수적인 교훈입니다. 단순히 지식을 쌓는 것을 넘어, 삶의 깊은 이치를 깨닫는 것이 진정한 지혜임을 가르쳐 줍니다.

남의 성공을 질투하지 마세요. 질투는 마음만 어둡게 만들 뿐입니다.

자신의 가치관을 지키세요. 세상에 휩쓸리지 않고 자신만의 기준을 세워야 합니다.

실패를 두려워하지 말고 도전하세요. 실패가 두려워 도전을 멈추면 아무것도 얻지 못합니다.

자신의 감정을 소중히 여기세요. 감정을 억누르지 말고 존중하는 것이 중요합니다.

자신의 행동에 책임을 지세요. 모든 행동에는 책임이 따르니 항상 신중하게 행동해야 합니다.

자신의 꿈을 절대 포기하지 마세요. 어떤 어려움이 있어도 꿈을 향해 계속 나아가야 합니다.

남의 고민을 함께 나누세요. 고민을 공유하면 부담이 훨씬 줄어듭니다.

부자가 가난한 사람에게 베푸는 것을 자랑하지 마세요. 자선은 조용히 이루어지는 것이 바람직합니다.

타인의 장점을 배워보세요. 남의 좋은 점을 배우면 더 나은 자신이 될 수 있습니다.

남과 협력하는 자세를 가지세요. 협력하면 더 큰 성과를 얻을 수 있습니다.

자신의 생각을 분명하게 표현하세요. 명확하게 의사 표현을 하면 오해를 줄일 수 있습니다.

남에게 도움을 받았다면 꼭 감사의 마음을 표현하세요. 진심으로 고마워하는 태도가 중요합니다.

자신의 행동을 자주 되돌아보세요. 스스로를 돌아보고 반성하는 습관이 성장에 도움이 됩니다.

다른 사람의 단점을 함부로 비난하지 마세요. 비난하기보다 이해하려고 노력하는 자세가 필요합니다.

자신의 생각을 유연하게 바꿀 줄 알아야 합니다. 고집하지 않고 새로운 의견을 받아들이는 태도가 중요합니다.

남을 도울 때는 진심을 담아 행동하세요. 진심 어린 도움은 상대에게 큰 힘이 됩니다.

자신의 시간을 소중하게 관리하세요. 시간을 낭비하지 않고 의미 있게 사용하는 것이 중요합니다.

다른 사람의 선택을 존중하세요. 남의 결정을 인정하는 것이 성숙한 태도입니다.

자신이 가진 부를 다른 사람을 위해 사용하는 것이 좋습니다. 타인을 돕는 행위는 당신의 마음을 풍요롭게 만듭니다.

자신의 삶을 스스로 이끌어가세요. 주도적으로 삶을 살아가는 자세가 필요합니다.

남과 비교하지 말고 자신만의 길을 당당하게 걸으세요. 비교하지 않고 자신만의 길을 가는 것이 중요합니다.

지혜로운 사람은 필요한 순간에 질문합니다. 모르는 게 있으면 적극적으로 묻는 것이 지혜의 시작입니다.

부는 운에 맡기는 것이 아니라, 현명한 계획과 꾸준한 노력의 결과입니다.

감정이 격해질 때는 잠시 멈추고 생각하세요. 감정적으로 행동하기 전에 한 번 더 고민하는 것이 좋습니다.

다른 사람의 조언을 귀담아 들으세요. 경험에서 나온 조언은 인생에 큰 도움이 됩니다.

자신의 잘못을 변명하지 말고 인정하세요. 실수를 인정하고 바로잡으려는 자세가 중요합니다.

정직하게 부를 얻기 위해 노력하는 것은 지혜로운 일이지만, 부를 맹목적으로 숭배하는 것은 어리석은 행동입니다.

남의 노력을 존중하세요. 누군가의 수고를 가볍게 여기지 말고 인정해 주세요.

다른 사람의 삶을 함부로 판단하지 마세요. 각자만의 사정과 이유가 있음을 이해해야 합니다.

남의 비밀을 꼭 지켜주세요. 신뢰를 위해 남의 비밀을 함부로 말하지 마세요.

자신의 목표를 항상 기억하세요. 삶의 방향을 잃지 않으려면 목표를 잊지 않는 것이 중요합니다.

같은 실수를 반복하지 않도록 주의하세요. 자신의 실수를 다시 반복하지 않도록 신경 써야 합니다.

부를 좇기보다 지혜를 좇으세요. 지혜는 결코 사라지지 않는 진정한 부입니다.

남에게 상처를 주지 않도록 항상 조심하세요. 말이나 행동이 누군가에게 상처가 될 수 있음을 생각하세요.

모든 일에는 적절한 시기가 있다는 걸 기억하세요. 조급해하지 말고 때를 기다리는 것이 현명합니다.

작은 기회도 소중하게 생각하세요. 작은 계기가 인생을 크게 바꿀 수 있습니다.

처음 만나는 사람에게도 예의를 지키세요. 낯선 이에게도 존중을 보여야 합니다.

자신의 생각을 글로 남겨보세요. 글로 정리하면 더 깊이 있게 생각할 수 있습니다.

다양한 문화와 관습을 존중하세요. 다름을 인정하는 것이 세상을 넓게 바라보는 길입니다.

당신의 부가 자녀를 나태하게 만들지 않도록 교육해야 합니다.

실천하지 않는 지식은 의미가 없습니다. 아는 것을 행동으로 옮겨야 진짜 배움이 됩니다.

경쟁보다는 협력이 더 큰 결과를 만듭니다. 함께 힘을 합치는 것이 중요합니다.

작은 약속도 소홀히 하지 마세요. 사소한 약속이 신뢰의 시작입니다.

부자가 되어도 과거의 어려움을 잊지 않는 것이 좋습니다. 이는 겸손을 유지하는 방법입니다.

자신의 실패 경험을 부끄러워하지 마세요. 실패담이 누군가에게 용기를 줄 수 있습니다.

불공평한 상황을 그냥 넘기지 마세요. 옳지 않은 일에는 목소리를 내야 합니다.

남의 재산도 소중하게 다루세요. 내 것이 아니더라도 정성껏 대하는 태도가 필요합니다.

자연의 소중함을 잊지 마세요. 환경을 아끼는 마음이 미래를 지키는 힘입니다.

돈은 당신의 진정한 가치를 보여주는 거울입니다. 돈을 어떻게 사용하는지 보면 그 사람의 인격을 알 수 있습니다.

유머 감각을 잃지 마세요. 웃음과 유머가 어려운 순간을 이겨내게 합니다.

자신의 뿌리를 기억하세요. 자신이 어디서 왔는지 잊지 않아야 합니다.

다른 사람의 신념을 조롱하지 마세요. 믿음과 신념은 누구에게나 소중합니다.

자신의 실수를 남 탓으로 돌리지 마세요. 책임감 있는 태도가 신뢰를 만듭니다.

작은 일에도 최선을 다하세요. 작은 일에 충실한 사람이 큰 일도 해낼 수 있습니다.

남의 약점을 이용하지 마세요. 약한 사람을 돕는 것이 진정한 강함입니다.

재물은 저절로 생기는 것이 아닙니다. 꾸준한 노력과 현명한 선택의 결과로 얻어집니다.

불확실함을 두려워하지 마세요. 미래가 불확실할수록 용기가 필요합니다.

가족과 보내는 시간을 소중히 하세요. 가족의 사랑과 응원이 삶의 바탕입니다.

자신의 이름에 책임을 가지세요. 이름값을 하는 것은 신뢰를 지키는 일입니다.

재물을 얻었다면, 그것을 지키는 지혜를 배우는 것이 필요합니다. 돈을 버는 것보다 지키는 것이 더 어려울 수 있습니다.

작은 선행도 꾸준히 실천하세요. 작은 선행이 쌓이면 큰 변화를 만듭니다.

자신의 약속을 기록하세요. 기록하면 잊지 않고 실천할 수 있습니다.

불필요한 소문을 퍼뜨리지 마세요. 사실이 아닌 이야기는 누군가에게 상처가 됩니다.

지나친 욕심을 경계하세요. 욕심이 지나치면 결국 잃는 것이 많아집니다.

4. 자기 성찰과 내면의 성장

탈무드는 진정한 행복이 외부에 있는 것이 아니라 자신의 마음속에 있음을 끊임없이 강조합니다.

자기 성찰과 내면의 성장에 대한 가르침은 우리가 삶의 어려움 속에서도 용기를 잃지 않고, 스스로를 믿으며 나아가는 힘을 길러줍니다.

다른 사람의 성공을 응원하세요. 응원의 한마디가 큰 힘이 될 수 있습니다.

자신의 건강을 우선하세요. 몸과 마음이 건강해야 무엇이든 할 수 있습니다.

미리 걱정하지 마세요. 아직 일어나지 않은 일로 고민하지 않는 것이 좋습니다.

남의 시간을 빼앗지 마세요. 상대의 시간도 소중하다는 것을 기억하세요.

어린이의 의견도 존중하세요. 나이가 어리다고 무시하지 않는 태도가 필요합니다.

돈은 삶의 목적이 아니라, 목표를 이루기 위한 도구입니다.

자신의 실수에서 유머를 찾아보세요. 실수도 웃으며 넘길 줄 아는 여유가 필요합니다.

불편한 진실도 외면하지 마세요. 진실을 마주하는 용기가 필요합니다.

남의 잘못을 오래 기억하지 마세요. 용서하는 마음이 자신을 더 자유롭게 만듭니다.

다른 사람의 성공 방식을 존중하세요. 누구나 각자의 방식으로 성공할 수 있음을 인정하세요.

자신의 삶을 남과 비교하지 마세요. 비교보다 자신만의 길을 가는 것이 중요합니다.

남의 불행을 이용하지 마세요. 남의 불행을 기회로 삼지 않는 것이 도덕입니다.

자신의 신념을 위해 용감하게 행동하세요. 옳다고 믿는 일을 두려워하지 마세요.

가난을 핑계로 게으름을 부리지 마세요. 노력은 언제나 당신을 가난에서 벗어나게 할 수 있습니다.

남의 실수에 관대하세요. 실수는 누구나 할 수 있다는 점을 기억하세요.

자신의 결정에 스스로 만족하세요. 남의 시선보다 자신의 만족이 더 중요합니다.

다른 사람의 조언을 열린 마음으로 받아들이세요. 조언을 들을 때는 편견을 내려놓으세요.

남을 칭찬할 때는 구체적으로 하세요. 구체적인 칭찬이 더 큰 힘이 됩니다.

지식을 얻기 위해서는 끊임없이 노력해야 합니다. 지식은 마르지 않는 우물처럼, 계속해서 배우고 익혀야 유지할 수 있습니다.

책은 친구와 같은 존재입니다. 외로울 때 책은 당신에게 가장 좋은 친구가 되어줄 수 있습니다.

자신의 삶을 사랑하세요. 자신을 소중히 여기는 것이 행복의 시작입니다.

진짜 실력은 끊임없이 연습할 때 만들어집니다. 한 번의 노력이 아니라 꾸준한 반복이 실력을 키웁니다.

남의 실수를 지적할 때는 부드럽게 말하세요. 상대의 자존심을 배려하는 따뜻한 조언이 필요합니다.

자신에게 한 약속도 잊지 말고 스스로 되새기세요. 자기 자신과의 약속도 꼭 지키는 습관을 가지세요.

자신의 성취를 자랑하지 마세요. 겸손한 태도가 더 많은 신뢰를 얻습니다.

모든 것을 안다고 생각하는 사람은 결국 아무것도 모르는 사람과 다를 바 없습니다.

당신의 스승을 존경해야 합니다. 스승은 인생의 길을 안내해주는 중요한 존재입니다.

한 가지 일을 끝까지 배우고 나면, 다음에 배우는 일은 훨씬 수월해집니다.

남의 말을 중간에 끊지 마세요. 상대가 끝까지 이야기할 수 있도록 참을성을 가지세요.

남의 성공을 그대로 따라하지 마세요. 자신만의 방법으로 길을 찾는 것이 중요합니다.

자신의 목표를 혼자 고민하지 말고 주변과 상의하세요. 함께 이야기하면 더 좋은 해답이 나올 수 있습니다.

남에게 진 빚은 반드시 갚으세요. 금전뿐 아니라 마음의 빚도 꼭 기억하세요.

남의 노력을 낮추지 마세요. 누구의 노력도 존중하는 태도가 필요합니다.

자신의 실수를 너무 심하게 자책하지 마세요. 실수도 성장하는 과정임을 받아들이세요.

자신의 미래를 직접 설계하세요. 남이 정해준 길이 아니라 자신만의 길을 만들어보세요.

남의 물건을 허락 없이 사용하지 마세요. 사소한 것이라도 반드시 주인의 허락을 받으세요.

Talmud transcribe

자신의 실수를 기록해두세요. 기록을 통해 같은 실수를 반복하지 않을 수 있습니다.

배움에는 때로 어려움과 고통이 따르지만, 그 결과는 언제나 달콤합니다.

남의 장난을 너무 진지하게 받아들이지 마세요. 유머와 진심을 구분할 줄 아는 것도 지혜입니다.

자신의 꿈은 크게 가지세요. 작은 꿈보다 큰 꿈이 더 큰 동기를 줍니다.

남의 비밀을 꼭 지키세요. 비밀을 지키는 것이 신뢰의 기본입니다.

자신의 감정을 음악이나 예술로 표현해보세요. 예술은 감정을 건강하게 풀어내는 좋은 방법입니다.

약속을 지키지 못할 것 같으면 미리 상대에게 알려주세요. 상대의 시간도 소중함을 기억하세요.

남의 의견을 존중하면서도 자기 생각을 분명히 하세요. 존중과 자기표현은 함께할 수 있습니다.

가족을 자주 챙기세요. 가족의 소중함은 시간이 갈수록 더 커집니다.

남의 재능을 시기하지 마세요. 남의 재능을 인정하고 배울 점을 찾아보세요.

자신의 성장을 위해 피드백을 구하세요. 피드백은 더 나은 자신을 만드는 자극제입니다.

남의 취향을 비웃지 마세요. 각자의 취향을 존중하는 것이 성숙함입니다.

배움은 평생 이어지는 여행입니다. 그 여정을 즐기면서 살아가야 합니다.

남의 고민을 쉽게 넘기지 마세요. 작은 고민도 진지하게 들어주는 태도가 필요합니다.

자신의 일에 집중하세요. 집중력이 더 큰 성과를 만듭니다.

Talmud transcribe

남과 경쟁하기보다 자신과 경쟁하세요. 어제의 나보다 나아지는 것이 중요합니다.

남의 도움을 당연하게 생각하지 마세요. 고마움을 잊지 않고 표현하세요.

남의 뛰어난 실력에는 아낌없이 박수를 보내세요. 성공한 사람을 진심으로 응원하는 것이 성숙한 태도입니다.

당신에게 가장 큰 적은 바로 자신입니다.

생각을 어떻게 다루느냐가 결국 당신의 삶을 결정합니다.

남의 생각을 억지로 바꾸려 하지 마세요. 서로 생각이 다를 수 있음을 인정하는 것이 평화로운 관계의 시작입니다.

자신의 취미를 소중하게 즐기세요. 취미는 일상에 활력을 주고 스트레스를 풀어줍니다.

타인의 실수를 조언할 때는 솔직함을 잃지 마세요. 정직한 조언이 상대가 성장하는 데 큰 도움이 됩니다.

자신의 목표를 눈에 보이게 표현해보세요. 목표를 그림이나 표로 나타내면 더 실감나게 느껴집니다.

자신의 재능을 숨기지 말고 드러내세요. 재능을 적극적으로 활용할 때 더 많은 기회가 찾아옵니다.

남의 고민을 들어줄 때는 판단하지 마세요. 평가보다 공감하고 들어주는 것이 더 큰 위로가 됩니다.

타인의 조언을 거절할 때도 예의를 잃지 마세요. 정중하게 거절하면 관계에 상처를 주지 않습니다.

남의 노력을 칭찬할 때는 구체적으로 말하세요. 구체적인 칭찬이 상대에게 더 큰 힘을 줍니다.

다른 사람의 기대에 맞추려고 애쓰지 말고, 본래의 자신으로 살아가야 합니다.

과거에 머무르지 마세요. 과거에 집착하면 성장이 어려워집니다.

자신의 행복을 남에게 기대지 마세요. 행복의 기준을 스스로 정하세요.

타인의 실수에 화내지 마세요. 누구나 실수할 수 있다는 점을 기억하세요.

자신의 꿈을 쉽게 포기하지 마세요. 어떤 어려움이 있어도 꿈을 향해 나아가는 용기를 가지세요.

자신의 약점을 극복하려는 노력을 멈추지 마세요. 꾸준한 노력이 결국 변화를 만듭니다.

남에게 도움을 받았을 때는 꼭 감사의 인사를 전하세요. 감사 표현이 관계를 더 깊게 만듭니다.

타인의 조언을 들을 때는 열린 마음으로 받아들이세요. 조언을 들을 땐 편견 없이 받아들이는 것이 좋습니다.

자신의 성장을 위해 꾸준히 노력하세요. 매일 조금씩이라도 발전하려는 노력이 필요합니다.

얼마나 많은 것을 가졌는지보다, 어떤 사람이 되었는지가 더 중요합니다.

다른 사람의 시선에 맞춰 살려고 하지 말고, 자신의 삶을 살아가야 합니다.

저자 조경민

오랫동안 책과 함께하며 다양한 분야의 이야기를 읽고, 글을 통해 소박한 지혜와 감동을 나누고자 노력하고 있다. 윤동주 시집과 필사책, 부처님 말씀을 풀어쓴 책과 필사책, 탈무드와 명심보감, 도덕경, 목민심서, 논어, 장자 등 여러 고전을 현대인이 편안하게 접할 수 있도록 꾸준히 작업해오고 있다. 전문적인 학자나 종교인이 아니기에, 깊고 어려운 학문적 설명보다는 누구나 쉽게 읽고 함께 생각해볼 수 있는 글을 쓰는 데 마음을 두고 있다.

짧은 문장을 한쪽에 담고, 옆 페이지에 직접 써볼 수 있는 필사책을 함께 만들어가며, 독자와 함께 공부하고 알아가는 과정에서 기쁨을 느끼고 있다. 책으로 이어진 세상이 좋아 작은 공간이지만 여러 글과 책을 내었다. 앞으로도 책을 통해 독자와 함께 배우고 성장하는 소박한 길을 걸어가고자 한다.

탈무드, 손끝으로 배우는 삶의 지혜
- 탈무드 필사 노트

정가 19,000원

저　자　조경민
펴낸이　조준형
표지 및 편집　송영미

2025년 10월 1일 초판 1쇄 발행

펴낸곳 도서출판 스토리팜 storyfarm book
주소 부산광역시 중구 해관로 41-1. 2층(중앙동 2가)
전화 051) 253-0001 팩스 051) 245-1187
등록 제 2011-000004호 www.storyfarmbook.com

도서출판 스토리팜에서는 여러분의 소중한 원고와 함께 할 기회를 기다리고 있습니다. 책으로 엮을 원고나 아이디어가 있으신 분들은 이메일 munbookcokr@naver.com으로 책에 대한 간단한 개요와 원고 전체 또는 일부를 연락처와 함께 보내주십시오.

ISBN 979-11-89951-33-7

※ 도서출판 스토리팜은 해광출판사의 단행본 임프린트 출판사입니다. ⓣ